P9-DDZ-395

FREDERICK COUNTY PUBLIC LIBRARIES

Teach Me... Everyday RUSSIAN

Volume 1

Written by Judy Mahoney
Illustrated by Patrick Girouard

Technology is changing our world. Far away exotic places have literally become neighbors. We belong to a global community and our children are becoming "global kids." Comparing and understanding different languages and cultures is more vital than ever! Additionally, learning a foreign language reinforces a child's overall education. Early childhood is the optimal time for children to learn a second language, and the Teach Me Everyday language series is a practical and inspiring way to teach them. Through story and song, each book and audio encourages them to listen, speak, read and write in a foreign language.

Today's "global kids" hold tomorrow's world in their hands. So when it comes to learning a new language, don't be surprised when they say, "teach me!"

The Russian letters are derived from the ancient Cyrillic alphabet, but have been modified. There are 33 letters; 21 consonants, ten vowels, and two letters with no sound. There are both upper and lower case letters, and hard and soft sounds.

Teach Me Everyday Russian
Volume One
ISBN 13: 978-1-59972-106-4
Library of Congress PCN: 2008902660

Copyright © 2008 by Teach Me Tapes, Inc.
6016 Blue Circle Drive, Minnetonka, MN 55343
www.teachmetapes.com

Book Design by Design Lab, Northfield, MN

All rights reserved. No part of the book or CD may be reproduced, stored or transmitted in any form or by any means without prior written permission from Teach Me Tapes, Inc.
Translations are not literal.
Printed in the United States of America.

10 9 8 7 6 5 4 3 2

INDEX & SONG LIST

Нам лучше быть всем вместе

Нам лучше быть всем вместе, всем вместе,
всем вместе!
Нам лучше быть всем вместе, - так веселее жить.
И твой друг моим стал,
И мой друг твоим стал.
Нам лучше быть всем вместе, - так веселее жить.

The More We Get Together

The more we get together, together, together
The more we get together the happier we'll be
For your friends are my friends
And my friends are your friends
The more we get together the happier we'll be.

Здравствуй,
меня зовут Маша.
Как тебя зовут?

Это моя семья.

Hello, my name is Masha.
What is your name?

Here is my family.

Мой брат

Мой папа

Моя мама

Я

My father
My brother
My mother
Me

My cat.
His name is Pushok.
He is gray.

Мой кот

Моя собака

My dog.
Her name is Zhuchka.
She is black and white.

Это мой дом.
У него коричневая крыша
и во дворе
жёлтые цветы.

Here is my house.
It has a brown roof
and a garden with
yellow flowers.

Моя комната голубая.
Сейчас семь часов.
Вставай! Вставай!

My room is blue.
It is seven o'clock.
Time to get up!
Time to get up!

Жаворонок

Жаворонок, милый жаворонок
Жаворонок, я тебя словлю.
Я тебя схвачу за клюв,
Я тебя схвачу за клюв
За твой клюв, за твой клюв.

The Lark
Lark, oh lovely lark
Lark, I will pluck you now
I will pluck your little beak
I will pluck your little beak
And your beak, and your beak.

Просыпайся

Просыпайся, просыпайся,
Брат Антон, брат Антон.
Утро в колокольчик,
Утро в колокольчик:
Динь, динь, дон. Динь, динь, дон.

Are You Sleeping
Are you sleeping, are you sleeping
Brother John, Brother John
Morning bells are ringing
Morning bells are ringing
Ding dang dong! Ding dang dong!

Today is Monday.
Do you know the days of the week?
Monday, Tuesday, Wednesday,
Thursday, Friday, Saturday, Sunday.

понедельник
Monday
вторник
Tuesday
среда
Wednesday
четверг
Thursday
пятница
Friday
суббота
Saturday
воскресенье
Sunday

Я одеваюсь.
Я надела мою рубашку,
мои брюки и мою шляпу.

I get dressed. I put on my shirt,
my pants, my shoes and my hat.

Рот, нос, уши и глаза

Рот, нос, уши и глаза , и глаза,
Руки, ноги, голова, голова,
Шея, грудь, живот, колени и ступни,
Не забудь, как называются они.

Head, Shoulders, Knees and Toes

Head and shoulders, knees and toes, knees and toes
Head and shoulders, knees and toes, knees and toes
Eyes and ears and mouth and nose
Head and shoulders, knees and toes, knees and toes.

I eat breakfast.
I like bread and hot chocolate.

Плохая погода.
Идёт дождь.
Я не могу пойти
гулять сегодня.

The weather is bad. It is raining.
I cannot go for a walk today.

Rain Medley

Rain, rain, go away
Come again another day
Rain, rain, go away
Little Johnny wants to play.

It's raining, it's pouring
The old man is snoring
He bumped his head and went to bed
And couldn't get up in the morning.

Дождик, дождик, уходи

Дождик, дождик, уходи,
Послезавтра приходи.
Разве трудно перестать
Ваня хочет поиграть.

Сильный дождь в окно стучит,
Старый дедушка храпит,
Он шишку набил и улёгся спать,
А утром не смог с кровати встать.

Rainbows

Sometimes blue and sometimes green
Prettiest colors I've ever seen
Pink and purple, yellow - whee!
I love to ride those rainbows.

Радуга

Разноцветная радуга сияет в небесах
Высоко над нами!
Давай побежим скорее – ой!
Прокатимся на радуге с тобой.

Это моя школа.
Я говорю: «Доброе утро, учительница!»
Я повторяю цифры и алфавит.

SCHOOL

Моя школа

Here is my school.
I say, "Good morning, teacher."
I repeat my numbers
and my alphabet.

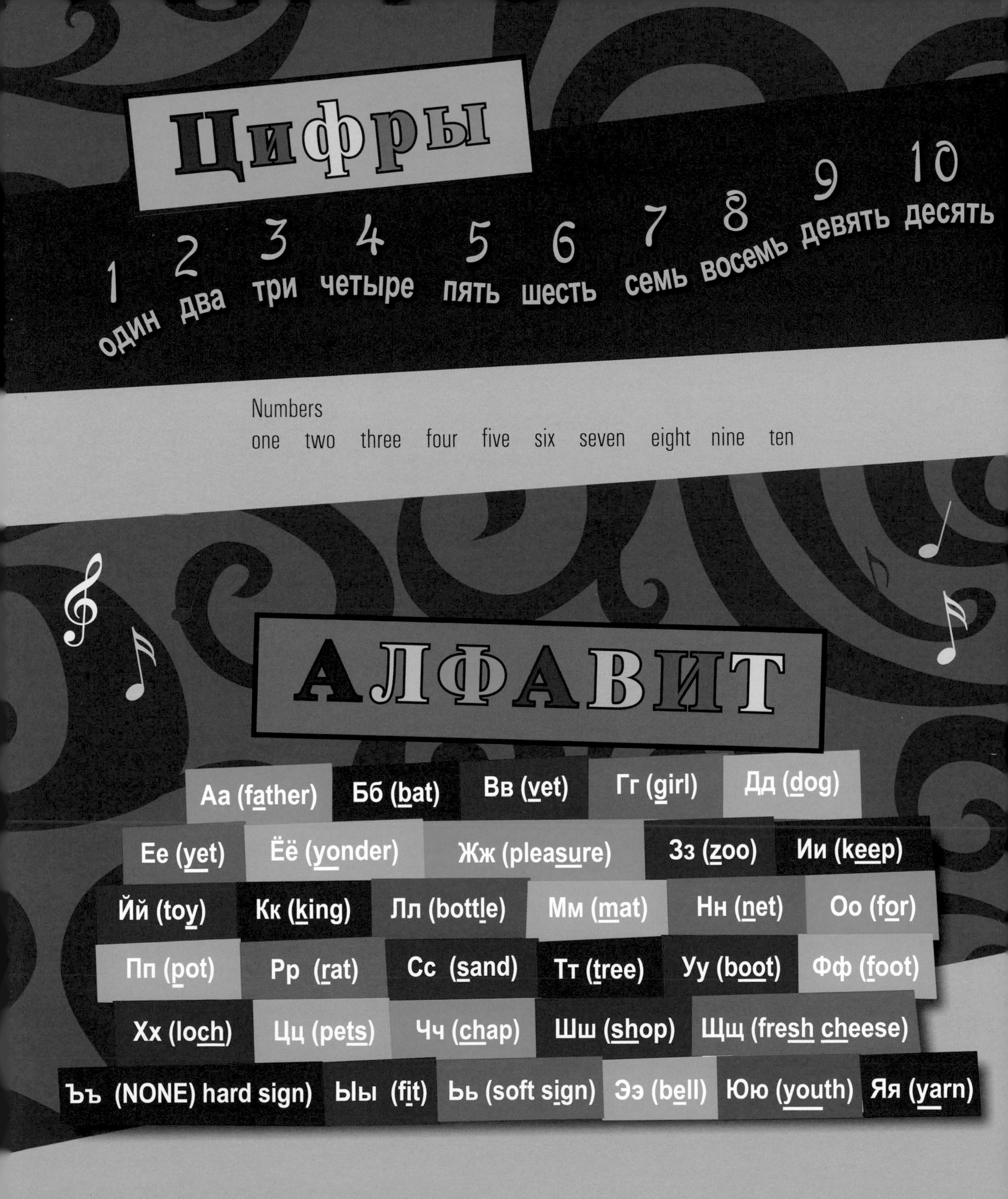
Цифры
1 один
2 два
3 три
4 четыре
5 пять
6 шесть
7 семь
8 восемь
9 девять
10 десять
Numbers
one two three four five six seven eight nine ten
АЛФАВИТ
Аа (father)
Бб (bat)
Вв (vet)
Гг (girl)
Дд (dog)
Ее (yet)
Ёё (yonder)
Жж (pleasure)
Зз (zoo)
Ии (keep)
Йй (toy)
Кк (king)
Лл (bottle)
Мм (mat)
Нн (net)
Оо (for)
Пп (pot)
Рр (rat)
Сс (sand)
Тт (tree)
Уу (boot)
Фф (foot)
Хх (loch)
Цц (pets)
Чч (chap)
Шш (shop)
Щщ (fresh cheese)
Ъъ (NONE) hard sign)
Ыы (fit)
Ьь (soft sign)
Ээ (bell)
Юю (youth)
Яя (yarn)

У Маши был барашек

У Маши был барашек, барашек, барашек,
У Маши был барашек с шёрсткой, словно снег.
Куда бы Маша ни пошла, ни пошла, ни пошла,
Куда бы Маша ни пошла, барашек ходит с ней.

Mary Had a Little Lamb

Mary had a little lamb, little lamb, little lamb
Mary had a little lamb, its fleece was white as snow
Everywhere that Mary went, Mary went, Mary went
Everywhere that Mary went the lamb was sure to go.

Один слон

Один слон вышел погулять –
Под паутинкой паука играть.
Он так доволен был игрой,
Что позвал дружка играть с собой.

Два слона...
Три слона...
Четыре слона...
Все слоны...

One Elephant
One elephant went out to play
Upon a spider's web one day
He had such enormous fun
That he called for another elephant to come.

Two elephants . . .
Three elephants . . .
Four elephants . . .
All the elephants . . .

Дети, в школу собирайтесь

Дети, в школу собирайтесь!
Петушок пропел давно
Попроворней одевайтесь –
Светит солнышко в окно.

Человек и зверь, и пташка,
Все берутся за дела.
С ношей тащится букашка,
За медком летит пчела.

School Time
Children, it's time to go to school
The rooster crowed
Quick, get dressed!
The sun is shining in the window.

All the people, animals and birds
Are going to work
The bug is carrying his load
The bee is looking for honey.

Два весёлых гуся

Жили у бабуси
Два весёлых гуся –
Один белый,
Другой серый,
Два весёлых гуся.

Мыли гуси лапки
В луже у канавки.
Один белый,
Другой серый,
Мыли гуси лапки.

Ой, кричит бабуся,
Ой, пропали гуси!
Один белый,
Другой серый,
Гуси, мои гуси.

Выходили гуси,
Кланялись бабусе -
Один белый,
Другой серый,
Кланялись бабусе.

Two Happy Geese

Two happy geese
Lived with an old woman
One was white
The other was gray
Two happy geese.

The geese washed their feet
In a puddle, in a ditch
One was white
The other was gray
The geese washed their feet.

Oh, shouted the old woman
Oh, the geese have disappeared!
One was white
The other was gray
Geese, oh my geese.

The geese came back
Bowed to the old woman
One was white
The other was gray
Two happy geese.

После школы
Мы едем домой
на машине.

After school, we drive in our car to our house.

Колёса машины крутятся

Колёса машины крутятся,
Крутятся, крутятся,
Колёса машины крутятся
По городу кругом.

Гудок у машины – бип – бип – бип,
Бип – бип – бип, бип – бип – бип,
Гудок у машины – бип – бип – бип,
По городу кругом.

В машине ребята:
«Есть хотим!», «Есть хотим!»,
«Есть хотим!»,
В машине ребята: «Есть хотим!»,
По городу кругом.

The Wheels on the Car

The wheels on the car go round and round
Round and round, round and round
The wheels on the car go round and round
All around the town.

The horn on the car goes beep beep beep
Beep beep beep, beep beep beep
The horn on the car goes beep beep beep
All around the town.

The children in the car go,
"Let's have lunch, let's have lunch,
let's have lunch"
The children in the car go, "Let's have lunch"
All around the town.

Сейчас время обеда.
После обеда тихий час.

It is lunch time.
After lunch we take a nap.

Тише, малютка

Тише, малютка, умолкай скорее,
Папа тебе купит канарейку.
Если канарейка петь не будет,
Папа колечко с алмазом раздобудет.
Если то колечко медным станет,
Папа тебе зеркальце достанет.
Если ты его разобьешь –
Такой сладкой детки нигде не найдёшь.

Hush Little Baby

Hush little baby don't say a word
Papa's going to buy you a mockingbird
If that mockingbird won't sing
Papa's going to buy you a diamond ring
If that diamond ring turns brass
Papa's going to buy you a looking glass
If that looking glass falls down
You'll still be the sweetest little baby
in town.

После тихого
часа мы идём в парк.
Я вижу уток, я пою и танцую
На мосту с моим другом.

After our naps, we go to the park.
I see the ducks, I sing and dance
with my friends on the bridge.

На мосту Авиньёна

На мосту Авиньён
Все танцуют, все танцуют
На мосту Авиньён
Все танцуют и кружат.

On the Bridge of Avignon

On the bridge of Avignon
They're all dancing, they're all dancing
On the bridge of Avignon
They're all dancing round and round.

Пётр и Егорка

Пётр и Егорка полезли на горку,
Тащили ведёрко с водою.
Егорка свалился и лбом приложился.
Петра потащил за собою.

Jack and Jill

Jack and Jill went up the hill
To fetch a pail of water
Jack fell down and broke his crown
And Jill came tumbling after.

Шесть утят

Шесть утят знал я маленьких,
Жирненьких, худеньких и беленьких.
Но один – с хохолком –
Был у них вожаком,
Он вёл остальных,
Говоря: «Кря – кря – кря»
«Кря – кря – кря», «Кря – кря – кря»
Он вёл остальных,
Говоря: «Кря – кря – кря»
«Кря – кря – кря», «Кря – кря – кря».

Six Little Ducks

Six little ducks that I once knew
Fat ones, skinny ones, fair ones, too
But the one little duck
With the feather on his back
He led the others with his
Quack quack quack
Quack quack quack
Quack quack quack
He led the others with his
Quack quack quack.

Петушок

Петушок, петушок
Золотой гребешок,
Масляна головушка,
Шёлкова бородушка,
Что ты рано встаёшь?
Что ты громко поёшь?
Детям спать не даёшь!

Little Rooster

Little rooster, little rooster
Your crown like gold
Your head like butter
Your beard like silk
Why do you wake up so early
Why do you sing so loud
Children cannot sleep.

Я голодна.
Время ужинать.

I am hungry.
It is dinner time.

О, Сюзанна!

Я иду из Алабамы
С моим банджо и пою,
Я иду в Луизиану повидать любовь мою.
О, Сюзанна, не плачь, любовь моя,
Я пришёл из Алабамы
С моей песней для тебя.

Oh! Susanna
Well, I come from Alabama
With a banjo on my knee
I'm going to Louisiana, my true love for to see
Oh, Susanna, won't you cry for me
'Cause I come from Alabama
With a banjo on my knee.

Сейчас вечер.
Ты видишь звёзды?

It's night time.
Do you see the stars?

Прошу я звёздочку

Прошу я звёздочку мерцать,
Я так хочу её понять.
Над высоким миром, там,
Как алмаз сияет нам.
Прошу я звёздочку мерцать,
Я так хочу её понять.

Twinkle, Twinkle

Twinkle, twinkle, little star
How I wonder what you are
Up above the world so high
Like a diamond in the sky
Twinkle, twinkle, little star
How I wonder what you are.

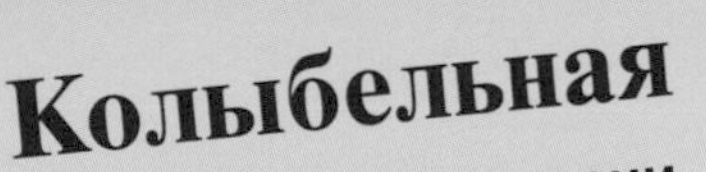

Колыбельная

Спи, моя радость, усни,
В доме погасли огни.
Дверь ни одна не скрипит.
Мышка за печкою спит.
Кто-то войдёт, постучит,
Лишь бы не плакал малыш.
Спи, моя радость, усни.
Усни, усни, усни.

Рыбки уснули в пруду,
Птички затихли в саду,
Месяц на небе блестит,
Месяц в окошко глядит,
Кто-то войдёт, постучит,
Лишь бы не плакал малыш.
Спи, моя радость, усни.
Усни, усни, усни.

Russian Lullaby

Sleep, my joy, fall asleep
The light is turned off in the home
No doors are creaking
A mouse is sleeping by the stove
If somebody comes and knocks
I only wish the young ones don't cry
Sleep, my joy, fall asleep
Fall asleep, fall asleep.

Fish fall asleep in a pond
The birds become quiet in the garden
The moon is shining in the sky
The moon is looking through the window
If somebody comes and knocks
I only wish the young ones don't cry
Sleep, my joy, fall asleep
Fall asleep, fall asleep.

Спокойной ночи, мама.
Спокойной ночи, папа.
Я люблю вас.

Goodnight, Mommy.
Goodnight, Daddy.
I love you.

Спокойной ночи, друзья

Спокойной ночи, дружок,
Спокойной ночи, дружок,
Спокойной ночи, дружок,
Спокойной ночи, друзья.
До свидания.

Goodnight My Friends

Goodnight, my friends, goodnight
Goodnight, my friends, goodnight
Goodnight, my friends
Goodnight, my friends
Goodnight, my friends, goodnight.

Хотите узнать больше?

(Want to learn more?)

горячее какао
апельсиновый сок
хлеб
джем
дерево
друг
мост
футбольный мяч
тридцать один

цвета
красный
синий
фиолетовый
зелёный
оранжевый
серый
жёлтый
розовый
коричневый
белый
чёрный

2 1982 03025 6915